♥ 루시아 자물로 글·그림

1991년 독일 뮌스터에서 태어났다. 뮌스터 디자인 스쿨에서 일러스트레이션과 커뮤니케이션을 공부했다. 출판사에서 프리랜서 그래픽 디자이너로 일했고, 온라인 잡지 『퍼스펙티브 데일리』에 일러스트를 그렸다. 지금은 대학에서 영문학과 교양학을 공부하고 있다. 쓰고 그린 책으로 『빨강은 아름다워』가 있다.

♥ 김영진 옮김

한국에서 영문학을, 독일에서 번역학을 공부했다. 독일 본 대학교에서 학생들을 가르치며 어린이와 청소년을 위한 좋은 책을 우리말로 옮기는 일을 하고 있다. 2022년 국제아동청소년도서협의회(IBBY) 어너리스트 번역 부문에 선정되었다. 옮긴 책으로 '삐삐 그래픽노블' 시리즈, '무지개 물고기' 시리즈와 『커다란 크리스마스트리가 있었는데』 『진짜 도둑』 『오즈의 마법사』 『너를 보여 줘』 등이 있다.

마음속에 코끼리가 산다

왜 사랑의 아픔도 겪어 볼 만하다고 하는 걸까?

루시아 자몰로 글·그림   김영진 옮김

웅진주니어

사랑이

세상에서 가장
근사한 감정이라고?

글쎄, 그건 사랑에 홀딱 빠진
사람들이나 하는 말이지.
그래, 뭐 어렵하겠어.
장밋빛 안경을 썼으니
세상 모든 게 **아름다워** 보이겠지.

하지만 내 생각은 좀 달라.
세상에 **사랑처럼**
끔찍한 건 없을 거야.

왜냐고?
지금 막 사랑하는 사람이랑 헤어졌거든.
심장이 깨질 것처럼 아프고
마치 지독한 병에 걸린 것 같아.
이런 걸 '**실연의 아픔**'이라고 하는 걸까?

깨진
내 안경

우리가 사랑 때문에

아픔을 겪는 이유와 원인,
계기와 조건은
무려 1200만 개나 돼.
　　— 이건 증명된 사실이야!

첫째는….
아니, 안 되겠어.
이 많은 걸 다 적기에는
공간이 너무 부족해.

✛ 아마 자리가 충분하다 해도
난 적어도 3,022개는
깜빡할 거야.

어쨌든 하나는 확실해.
사귀던 사람과 깨지고 나면 **기분이 나빠**.
아니, 나쁜 정도가 아니야.
**진짜, 정말, 아주
　　　　끔찍**해!

앗,
이런!
완전히 부서졌네.

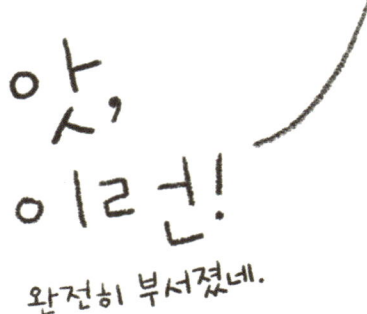

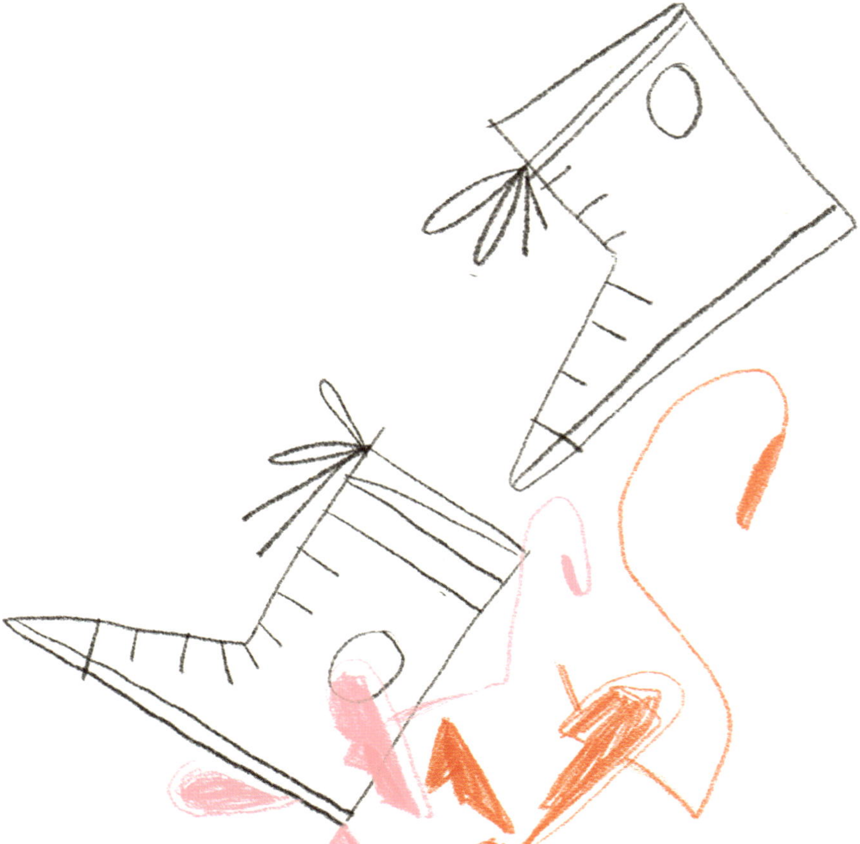

도대체 어떤 기분인지 좀 더 자세하게
　　　　　　　　　말해 줄 수 있냐고?

물론이지!

그러니까 그게… 어떤 느낌이냐면….
갑자기 머릿속이 새하얘져서
아무것도 알 수 없게 돼.

어디가

위쪽이고

어디가

아래쪽인지 조차

알 수 없지….

그 대신,
어느 날 갑자기
떠돌이 서커스단에
휩쓸리게 된 사람의 마음을
이해할 수 있게 돼.
지금 내 마음 같다고나 할까?

주의:
이쪽이 아래야.

↓ 내가 곧
떨어지게 될
방향이지.

그러다가 어느 순간
나도 모르게
바라게 돼.
끔찍하게
아파도 괜찮으니
이제는 기억 없는 추락은 없고
바닥에 '쿵'
부딪치게 해 달라고 말이야.
그래야 다시
올라갈 수
있을 테니까….

행성은 이거야.
사람은
내가 예상했던 것보다
훨씬 더 빨리,
그야말로
순식간에
산산조각 날 수도 있어.
하지만 장미빛 구름에서
떨어지는
그 기분은…

어째 얼떨떨한 아이잖아.
내가 사랑할 수 있는
가장 긴 시간보다도
더, 더, 더
기개 말이야.

이 복잡한 문제를 아주 콕 집어서
보여 주는 오페라가 있어.
바로 리하르트 바그너의 오페라 〈트리스탄과 이졸데〉야.
마지막에 이졸데가 죽는데,
그 까닭이 바로 사랑을 이루지 못한
고통 때문이거든.
비극적 사랑을 다룬 이 오페라는
무려 다섯 시간 동안이나 이어져.
　　↳ 진정한 드라마지!

제3막

이졸데는 아직 살아 있어.
(트리스탄은 숨이 끊어지기 직전이야.)

아아!
트리스탄!

이졸데!
(외치고 죽는다.)

잠깐, 아직 끝이 아니야!
이졸데는 잠시 정신을 잃었다가 곧 다시 일어나서
트리스탄에 대한 노래를 부르고 마침내 숨을 거둬.

어떤 사람들은 둘의 비극적인 사랑 이야기가
너무 슬퍼서 괴로워하고,
또 어떤 사람들은 오페라가 너무 길어서 괴로워해.

어쨌거나 그 길고 긴 고통의 시간을 견디고
오페라 극장을 나설 때면 누구나 머리가 멍해지지.
그 상태에서 벗어나려면 얼마간의 시간이 필요해.

그래, 바로 이거야.
실연의 아픔으로 가슴이 무너져 내릴 때
우리에게 필요한 건 **시간**이야.
시간 말고는…

아무것도

&

누구도

도움이 안 돼.

특히 **엄마, 아빠**는 정말 아무 도움이 안 돼.
두 분이 뭘 알겠어?
안 그래?

"빨리 나와,
밥 먹자!
아빠가 크림스파게티 만들었어.
너 먹으라고 특별히 채식으로 준비했어!"

"됐어. 안 먹어!"
(이럴 때는 최대한 비련의 여주인공처럼
보여야 해. 침대에 누워서 그동안 그 애랑
주고받은 메시지를 읽으면서!)

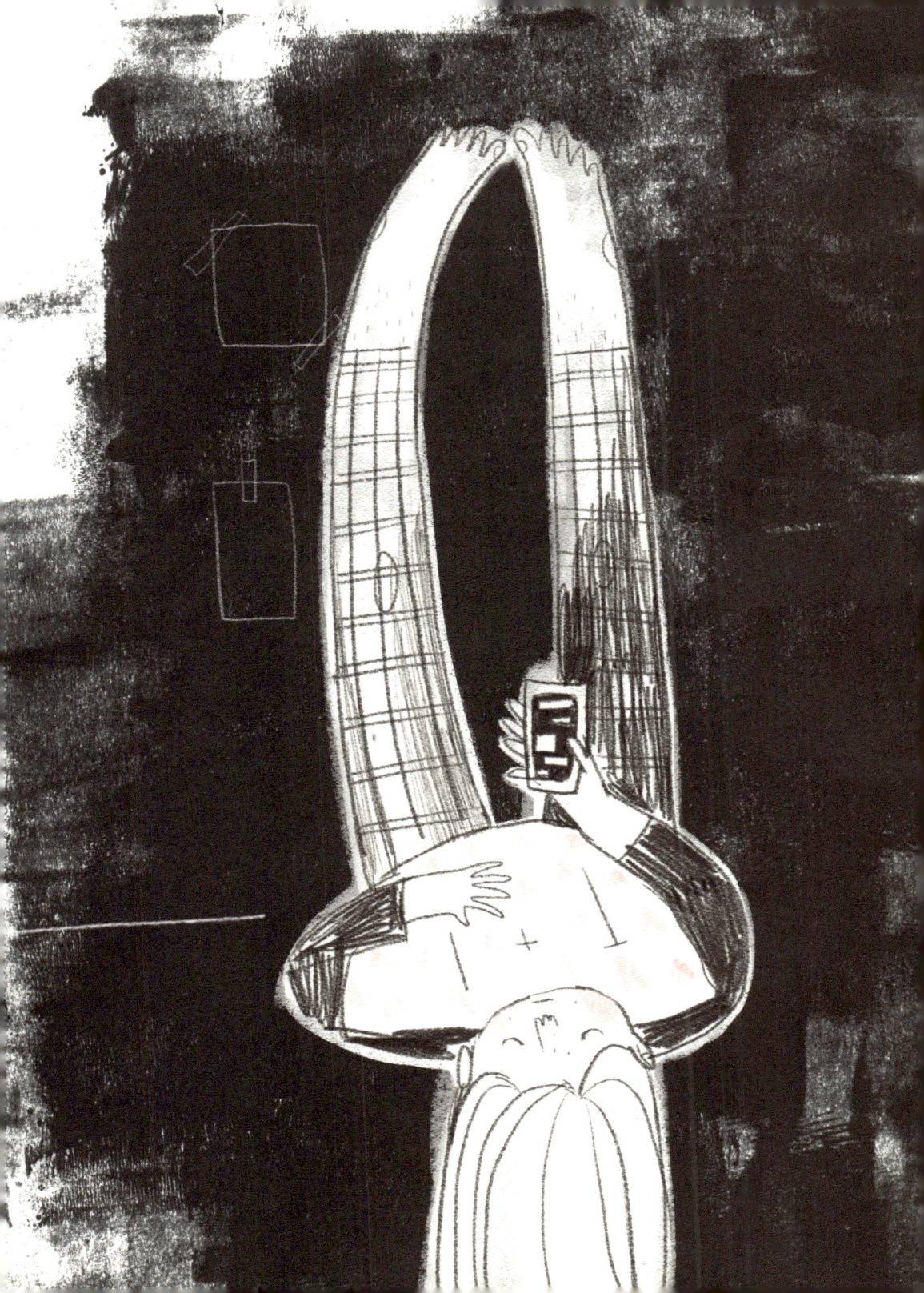

하지만

이쯤에서

분명히 짚고 넘어가야 할 게 있어.

1. 우리 부모님도 한때는 젊었고, 우리가 지금 느끼는 걸 똑같이 느꼈다는 것!

엄마!
이거 엄마가 옛날에 받은
연애편지네.
어? 근데 아빠가 쓴 게 <u>아니잖아</u>!

2. 이 지독한 실연의 아픔은

나이에 상관없이

아무 때나

찾아올 수

있다는 것.

나이가 들어도 그걸 견디는 게
절대로 쉬워지지 않는다는 것!

사실, 실연을 당했을 때

뇌 속에서 무슨 일이 벌어지는지 알게 되면

우리가 이렇게 슬퍼하는 게

어쩌면 당연하다고 생각할 거야.

자, 내가 보여 줄게.

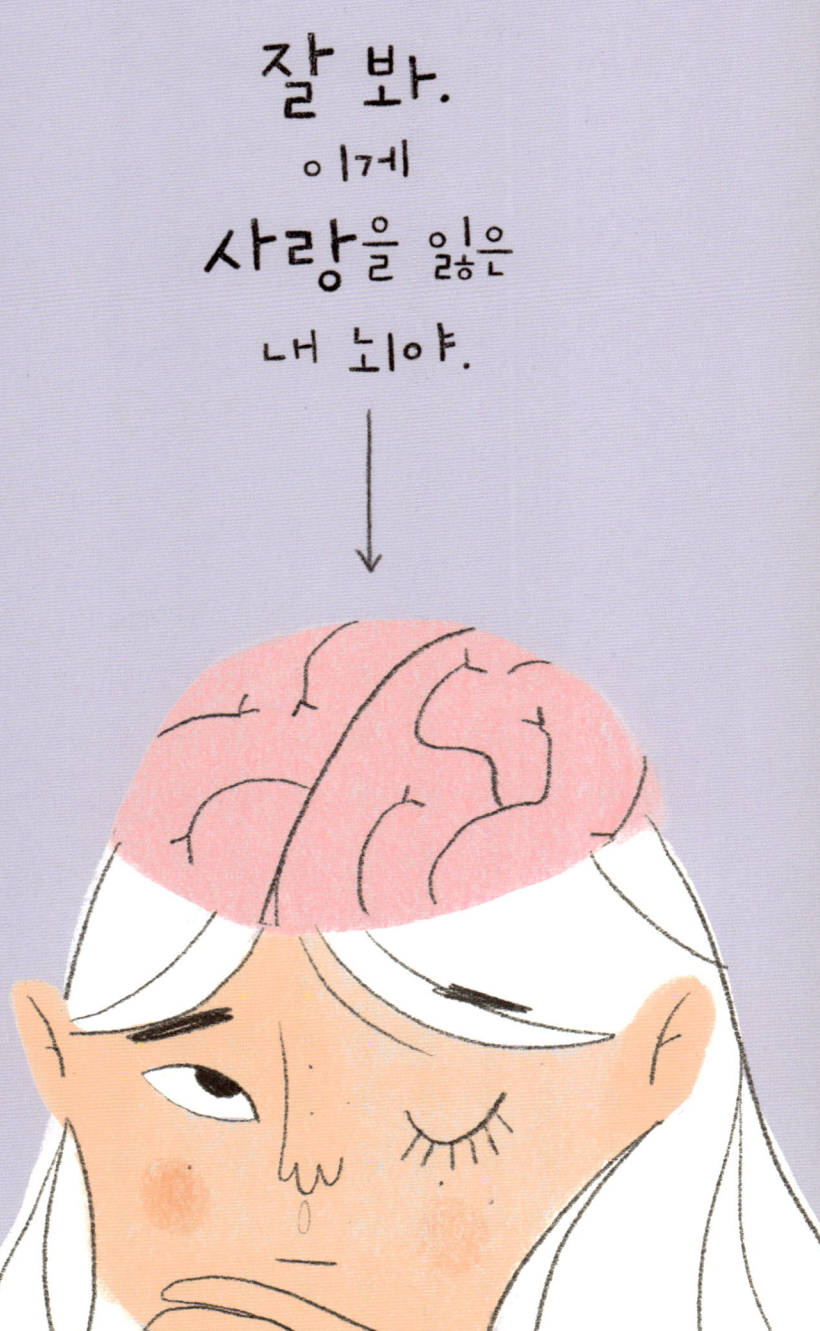

우리가 사랑에 빠졌을 때
안락함과 만족감을 느끼는 건
('사랑 호르몬' 혹은 '애착 호르몬'이라고 하는)
옥시토신 덕분이야.

+ 참고로, 사랑에 빠졌을 때
  활성화되는 뇌의 영역은
  우리가 무언가에 **중독됐을** 때
  활성화되는 영역과 같아.

좀 더 자세히 말하자면,
사랑이 깨지면
중독된 무언가를 끊었을 때처럼
금단 현상이 나타난다는 뜻이지.
뭔가가 있다가 없어져 버렸으니까!

그건 마치…

심장을
도려내 버린 거
같은 느낌이야.

정말
무자비한 일이지.

우리가 가슴이 찢어지는 듯한
고통을 느낄 때, 뇌에서는 몸의 통증을
담당하는 영역이 활성화되지.
+참고로, 실연의 고통을 느끼는 뇌의 영역은
몸의 통증을 느끼는 뇌의 영역과 같아.

심지어 **상심 증후군**이라는 병이 있어. 정말로

마음을 다쳐서 생기는 병이지.

나이 들어 갱년기가 지난 여자들이 잘 걸리는 병이야.

이 병에 걸리면 극도로 스트레스를 받은 나머지
아드레날린 같은 호르몬이 많이 분비되어
심장 한쪽이 제 기능을 하지 못하게 돼.

마음의 고통뿐 아니라
육체적 고통까지
겪는 거지.

극심한 → 증상은 심근 경색에 걸렸을 때와 비슷해.
호흡 곤란, 가슴 통증, 구토감,
그리고 가슴 한가운데를 누르는 듯한 느낌이야.

이 증상을 다르게 표현할 수도 있지.

바로 이렇게.

"가슴 위에 코끼리가 앉아 있다."

내 생각에, 이보다 더 딱 맞는 표현은 없는 것 같아.
사랑에 빠져서 가슴이 콩닥콩닥 뛰는 것을 두고
"배 속에서 나비가 팔랑거린다."라고도 하잖아.
　》이건 나비 비유랑
　　　완전 반대 상황이지!《

아주 먼 옛날부터

인간들은 사랑의 의미와 목적에 대해 생각했어.
고대 그리스 철학자 플라톤도 마찬가지였지.
이 대단한 철학자도 인간이 사랑 때문에
왜 이렇게 아파하는지 고민하느라
머리가 깨질 지경이었어.

경고! 앞으로도 깨질 게 더 있음!

심지어 사랑에 대한
여러 시각을 담은 책도 썼어.
플라톤이 쓴 책 『향연』을 보면
희극 시인 아리스토파네스의 입을 빌려서
이렇게 말해.

"그때부터 인간은
다시 **행복해지기** 위해서

자기의

나머지

반쪽을

다시 책으로 돌아가서,
플라톤은 소크라테스의 입을 빌려
여성 철학자 디오티마의 말도 들려주지.

"사랑은 에로스라는 이름으로 태어난
반신반인의 정령이라네."
　= 반은 신, 반은 인간

에로스, 즉 사랑이야말로
반드시 사라질 우리의 삶을
영원하도록 바꾸어 주는
에너지의 원천이래.

안녕, 내 사랑!
사랑이여
영원히!

난 그 반신반인이란 작자가 도대체
어떻게 생겼는지 보려고 한번 검색해 봤어.
역시 인터넷은 늘 실망시키지 않는다니까.

"헬레니즘 시대의 몇몇 예술 작품에서
에로스는 오리를 타고 있는 모습으로 등장한다."

곧 다시 해가 뜰 거야.

곧이라고?

곧이란

도대체 언제지

???

나한테
↓
먼저 물었어.

아무 답도 찾을 수 없었어.

그래서 다시 인터넷에 물어봤지.

그랬더니 이런 게 나오지 뭐야.

실연당한 사람의 심리 상태는

3~5*단계

변화를 거친다.

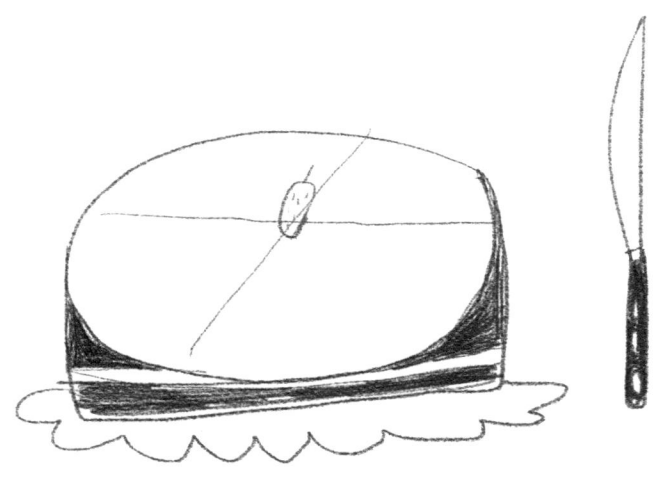

*나는 딱 중간인
4단계로 정리해 보려 해.

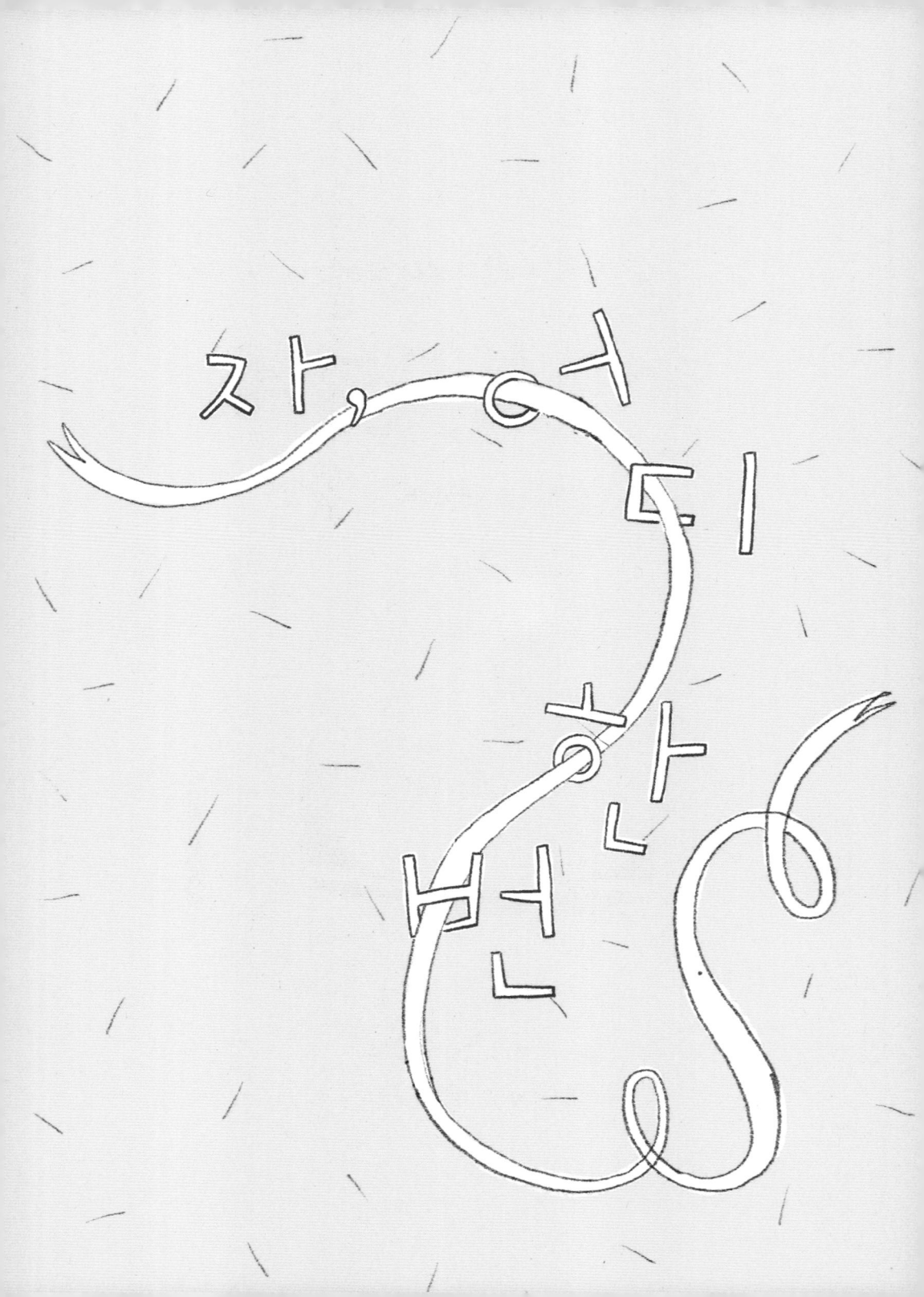

시작해 볼까?

이쪽이야.
→

1단계:
쇼크 상태

처음에는

거의 느낄 수가 없어….

아무것도.
그러다 곧….

끝났어.
아니, 시작한 적도 없어.
네가 오해한 거야.
우리 둘 다 착각한 거야.
~~더는~~ 우리는 너무 달라.
난 달라졌어.
너에 대한 감정이 변했어
네 탓이 아니야.
이제 '너'라고 부르지도 못하는데…
'나'라고 하는건 무슨 의미가 있겠어.

헤어졌다는 **정보**가 의식 속으로
서서히 들어오기 시작하면
뇌는 재빨리 반응을 시작해.

어쩜 좋아!
이제 난 끝났어!

불안한 나머지
눈꺼풀이 씰룩거림!

이럴 때
뇌에다 대고
"야, 뇌!
너, 지금
사고의 오류를
범하고 있어."라고
설명하는 건
시간 낭비야.

그건 그렇고 →

2단계에 들어서면
네 머리는 한 가지 생각만 해.
'어떻게 하면 그 사람을
다시 돌아오게 만들까?'
하고 계획을 세우는 거지.

"세상에, 말도 안 돼!
이렇게 헤어질 수는 없어!
내가 생각했던 건 이런 게
아니야!

나한테 **좋은 생각**이 있어.
그래, 뭐 그렇게 어렵지도 않을 거야.
그 애 마음에 들게
달그락거리는 나사 몇 개 **조여 주고**,
여기 조금, 저기 조금,
살짝 **구부려** 주면 될 거야.
그럼 그 애도 곧 깨닫게 되겠지.
세상에 나밖에 없다는 거,
자기의 **유일한 사랑**은 나라는 거 말이야.
그럼 우린 다시 행복해질 거야."

잠깐! 정신 차려.

이 생각에는 몇 가지 문제가 있어.

1.
너를 사랑하는 사람은
네 모습 그대로를 사랑해야 해.

2. 네 본모습을 바꾸는 건
정말 힘들어.

그리고 혹시
3. 바꾸는 게 가능하다고
하더라도, 그게 너한테 진짜
행복한 일일까?

이 모든 걸 명확히 깨닫고 난 뒤에야
비로소 다음 단계로 들어서게 돼.

3단계

3단계라고 하니까
꽤 멀리 온 것 같겠지만…
사실은 아니야.
본격적인 시작은 이제부터거든!
(미안. 하지만 이건 내가 생각해 낸 게 아니야.)

슬픔과 분노가 뒤엉켜
소용돌이치는 한가운데에서
넌 서서히 네 앞에 놓인 상황을
제대로 **보기** 시작하지.
플라톤이 했던 말, 아직 기억해?
한때는 인간들이 공처럼 둥글었다는
얘기 말이야. ⟶ 어때? 지금 다시 생각해 보니까
갑자기 꽤 **그럴듯하게** 들리지?

"거봐,
내가 뭐라고 그랬어."

우리는

정말

쿵짝이

아주

잘

맞았는데.

그리워···.

그 애가 남긴 빈자리는

함께한 시간이 길면 길수록

더 크게 느껴져.

이상한 것은

그 애는 틀림없이

사라져 버렸는데,

그 애의 흔적은

아직도 여기저기 남아 있다는 거야.

이 핸드 믹서에도 ~~역주~~

그 애가 있어.

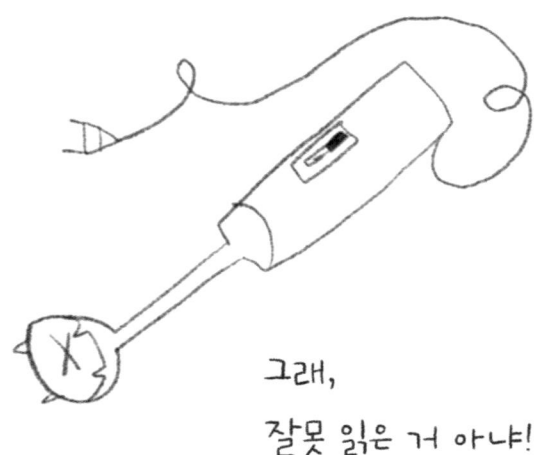

그래,
잘못 읽은 거 아냐!

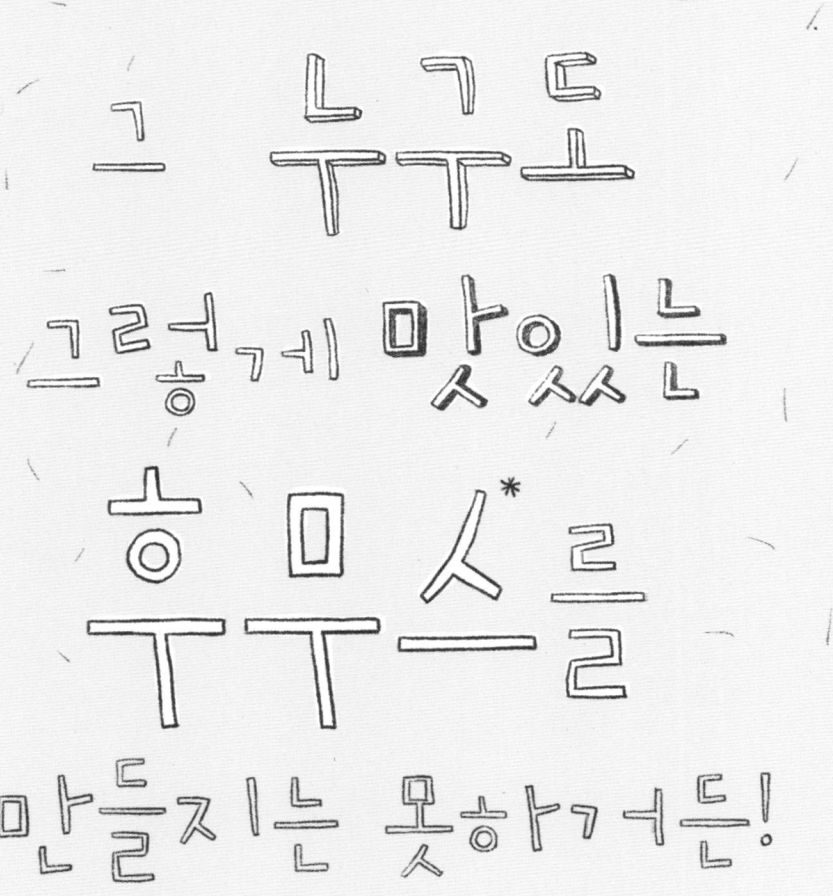

창고 고마워.
어디선가 시작된 불길이……

'자, 일어나 봐 얘들아!
모두 움직일 거야.'

자신의 몸에 붙은 불길이 더 번질까 봐 한쪽 구석에 옹기종기 모여 있어요.

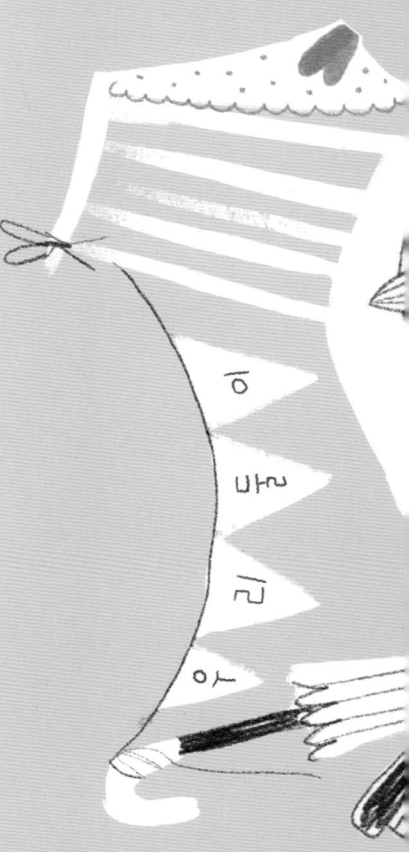

하지만 추억이 담긴 물건들을
눈에 안 보이게 몽땅 치워 버리는 건
결코 쉬운 일이 아니야.

"좋아, 그렇다면
내가 사라져 주겠어. — 최대한
바닷가에 가서   가장
신나게 놀 거야."   멀리!

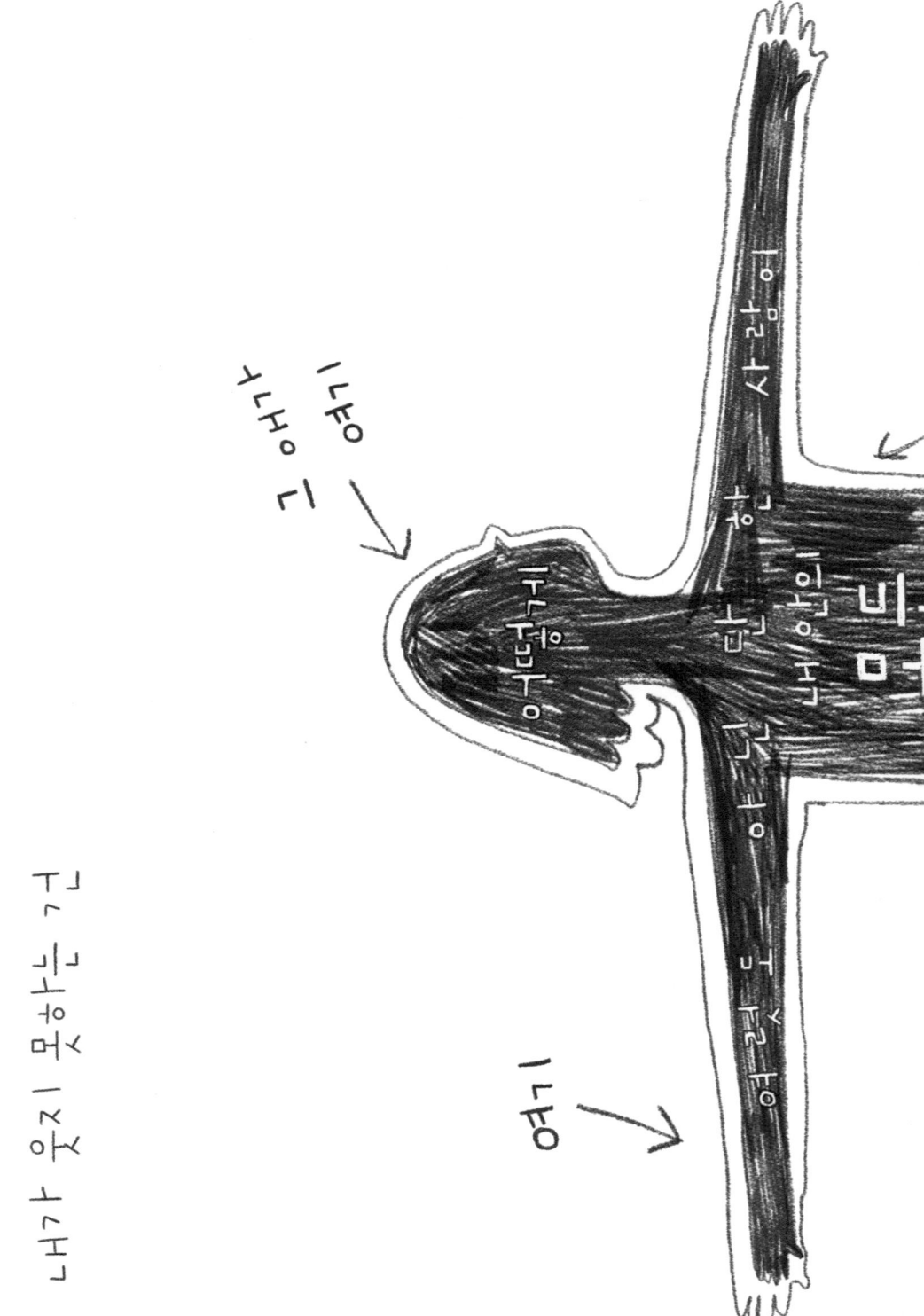

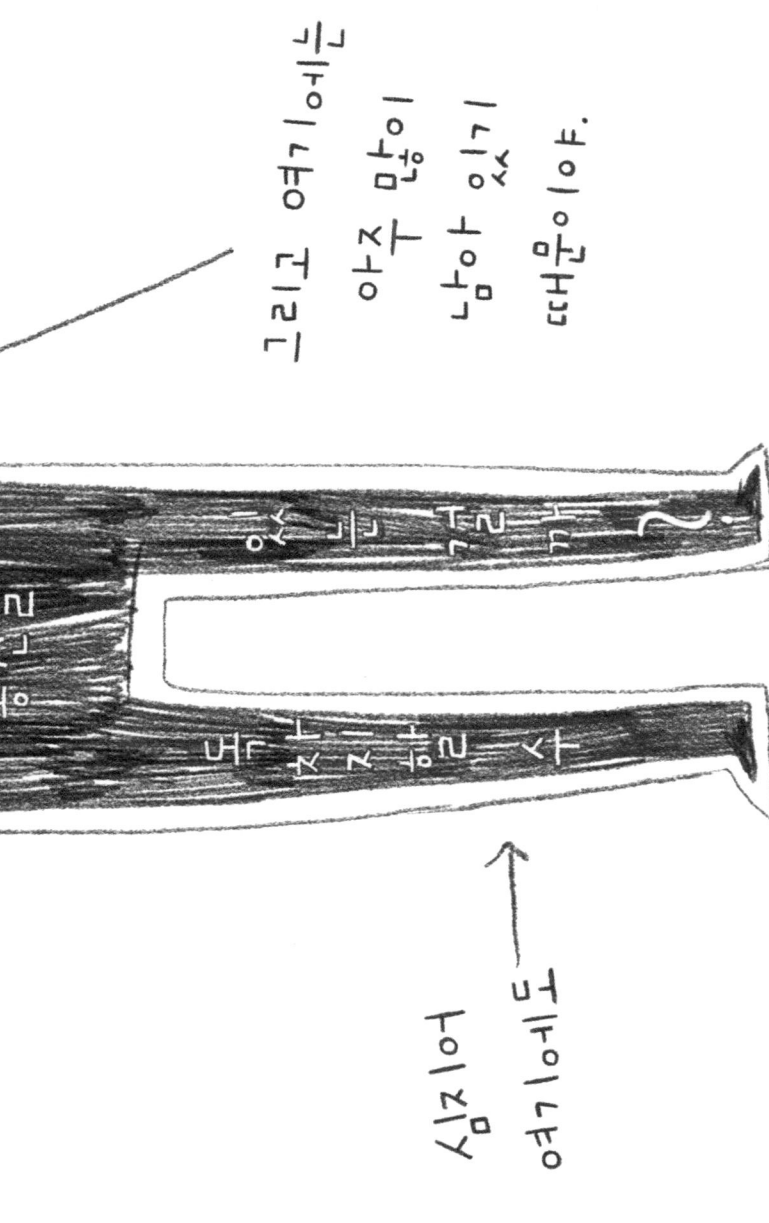

그리고 여기에는
아주 많이
남아 있기
때문이야.

시야의 끝

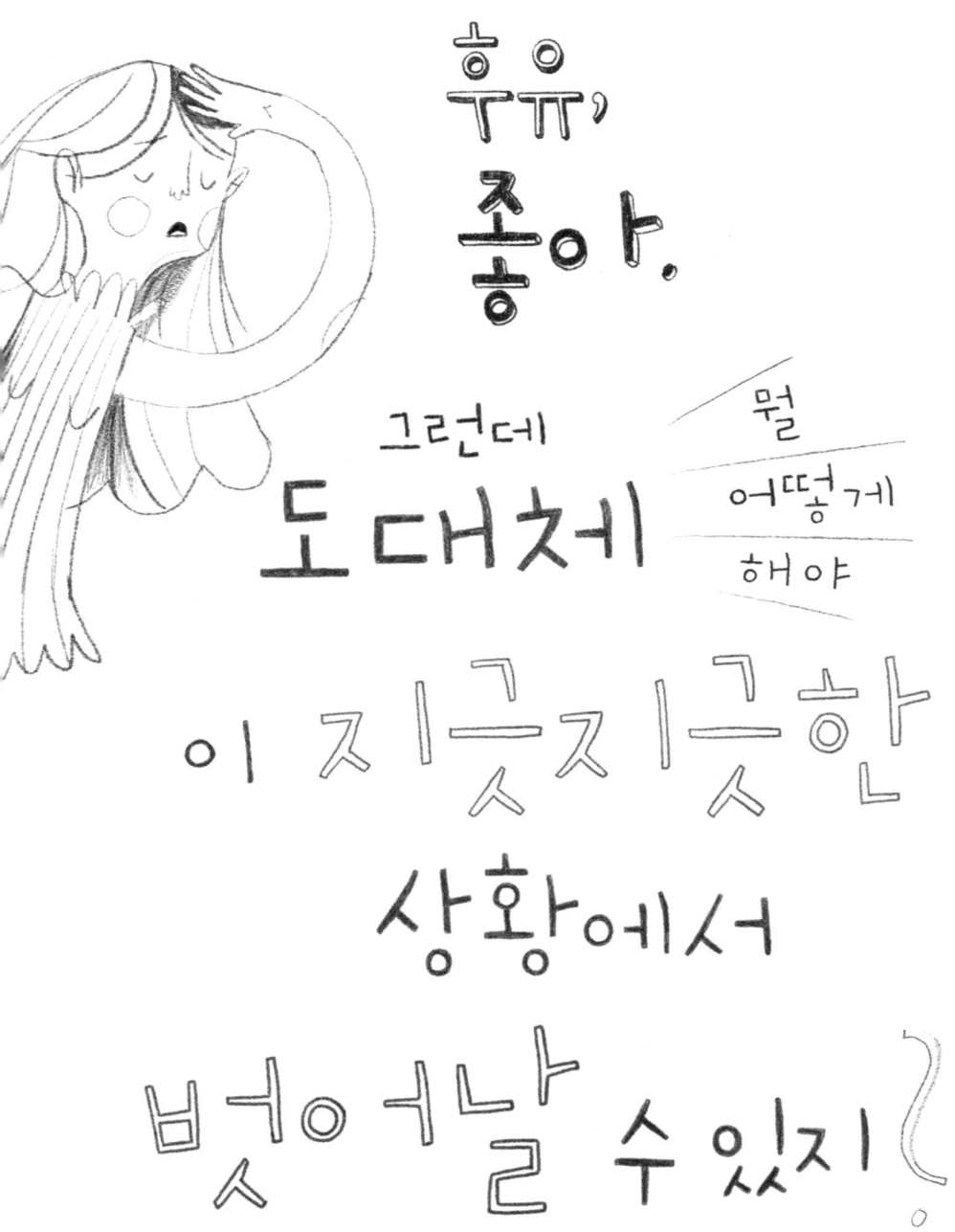

아주 좋은 질문이야.

대답하기 ^(매우) 까다로운

질문이기도 하고.

사람은 저마다 다르니까
모두에게 도움이 되지는 못하겠지만,
원한다면 내 의견을
말해 줄게.

자, 준비됐어?

다 같이:
"그런 엉터리 같은 말이 어딨어?
내가 <u>바라는</u> 건
<u>즐거워지는 거라고!</u>"

다시 나:
"아니, 가끔은
화날 때도 있고
슬플 때도 있고
그런 거지.
어떻게 늘 기쁘고
즐겁기만을 바라?
무슨 로봇도 아니고."

그래, 다 괜찮다니까!

가만히 앉아서

TV만 봐도 되고,

그것도 싫으면

손가락 하나

까딱 안 해도 돼.

샤워도 안 해도 되고,

슈퍼마켓 가기 전에

말쑥한 옷으로

갈아입지 않아도

괜찮아.

여기,
영수증이요.
손님, 오늘도
즐거운 하루 보내세요!

고맙지만,
됐어요.
오늘은 별로
즐겁게 보내고
싶지 않거든요.
안녕히 계세요.

그래, 지금은 행복할 필요도 없고
행복해지려고 할 필요도 없어!

자기들 스스로
그렇게 말해.

또 어떤 사람들은
이런 상황에 맞닥뜨렸을 때
현실적으로 대처해.

현실적인 앞머리 ➤

자기 감정을
주변 사람들에게 스스럼없이
털어놓지.

+참고로, 현실적인 것이 꼭 어른이 된다는 건 아니야.

이제부턴

내가 하고 싶은 거 다 할 거야.

사랑 때문에

포기하지 않겠어.

흥!

이렇게 짧게 자르려고
했던 건 아닌데.
괜찮아, 상관없어.

프레츨* 모양으로
꾸미기

귓바퀴에
장식하기

고양이
키우기

멜빵바지
입기

양말 신고
샌들 신기

*프레츨
8자나 하트 모양으로
꼬아 만든 빵.

하지만 얼마 안 가 이 모든 것에
심드렁해지면서
아무 재미도 못 느끼게 될 거야.

그러면
머릿속에서
이런 생각이
모락모락 피어오르게 되지.

'아, 이 따분함과
이 모든 허전함에서
날 구해 줄 사람은
없는 걸까?'

이건 너무너무 중요해서
다음 장에서 말할게.
한 장이 다 필요하거든.

정말 진지하게 부탁하는데,

외로움에서 벗어나겠다는
바보 같은 생각에 사로잡혀서
엉뚱한 일을 벌이지는 말아 줘.

자, 이게 너야.

그리고
이건···.

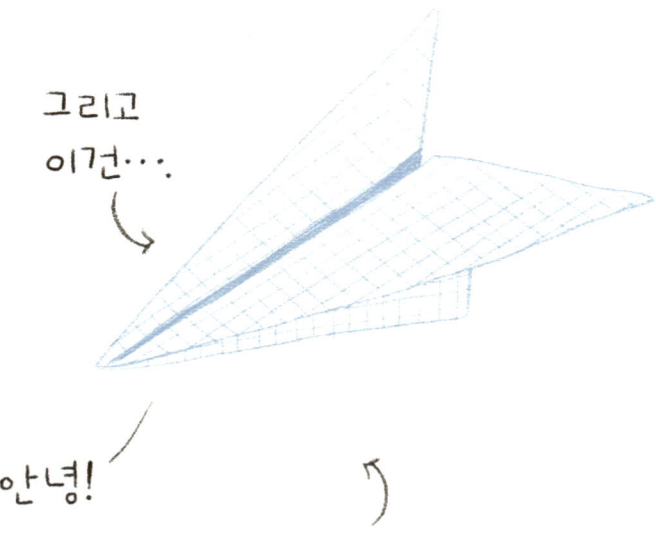

안녕!

아무것도 모르는

이 순진한 친구는

네 가슴앓이에 전염돼

화르르 타 버릴 수도 있어.

그건 너무 가혹한 일이잖아.

차라리
뜨개질 같은 걸 해.

쓸데없는 생각을 떨쳐 버리기에는
그것만 한 게 없으니까.

네 모자
좀 웃기게 생겼다.

고마워,
내가
직접 뜬 거야!

하지만 잘 생각해 보면 뜨개질 말고도
감정을 흘려보낼 다른 방법들이 떠오를 거야.

문학의 역사를 슬쩍 살펴보기만 해도
우리가 아는 불후의 명작들 가운데
얼마나 많은 작품이 ♡의 아픔 속에서
탄생했는지 알 수 있지.

물론 엉성한 내 손뜨개 작품들을
감히 괴테의 작품에 견주려는 건 아니야.
하지만 괴테 역시 자신의
이루지 못한 사랑을 이 소설에 ⟶
담아내서 스물다섯 나이에
이름난 문호가 되었어.

젊은 베르테르의 슬픔

자기 생각을 글로 적는 것은 슬픔을 덜어 주고,
사랑의 아픔을 극복해 가는 과정을
눈으로 확인할 수 있게 해 줘.
⟶ 그뿐 아니라 엄청나게 뿌듯해!
비록 베스트셀러 목록에 오르지 못하더라도 말이야.

생각을 하면

그리워.

가끔
네 생각을
해도

좋아! 드디어 4단계!

제아무리 4단계까지 왔어도
삶이 다시 좋아지지 않을 거란
비관적인 생각이 문득
불쑥불쑥 고개를 들이밀 거야.
하지만 하루만 참으면
또 그럭저럭 견딜 만해지지.
그런 일이 반복되면서 넌,

혼자라고 꼭 외로운 것도
불완전한 것도 아니라는
사실을 깨닫게 될 거야.
그건 아주 근사한 일이야.

미안해요,
플라톤.

난 그저
아리스토파네스랑
소크라테스랑
디오티마의
말을 전했을 뿐이야.
그들이 뭐라고 했냐면….

이제 그만…!

좋아, 그렇게
다들 자기 생각만
말하겠다면
나도 한마디 ~~하겠~~ 남겨 보겠어.

실연의 아픔에서

벗어나는 데

가장 좋은

치료제는

먼저 자기 자신과

사랑에 빠지는 것이다.

혼자 시간을 보내면서
나를 알아 가는 데에는
시간이 좀 걸려.
하지만 막상 익숙해지면
아주 보람차고
만족스러울 거야.

뭐? 흔해 빠진
홍보 문구 같다고?
흥, 그래도 이 말보단 백배,
천배 낫지.

이제 두 가지 질문만

더 해 볼게!

정말 솔직하게
대답해 주어야 해!

첫 번째 질문,

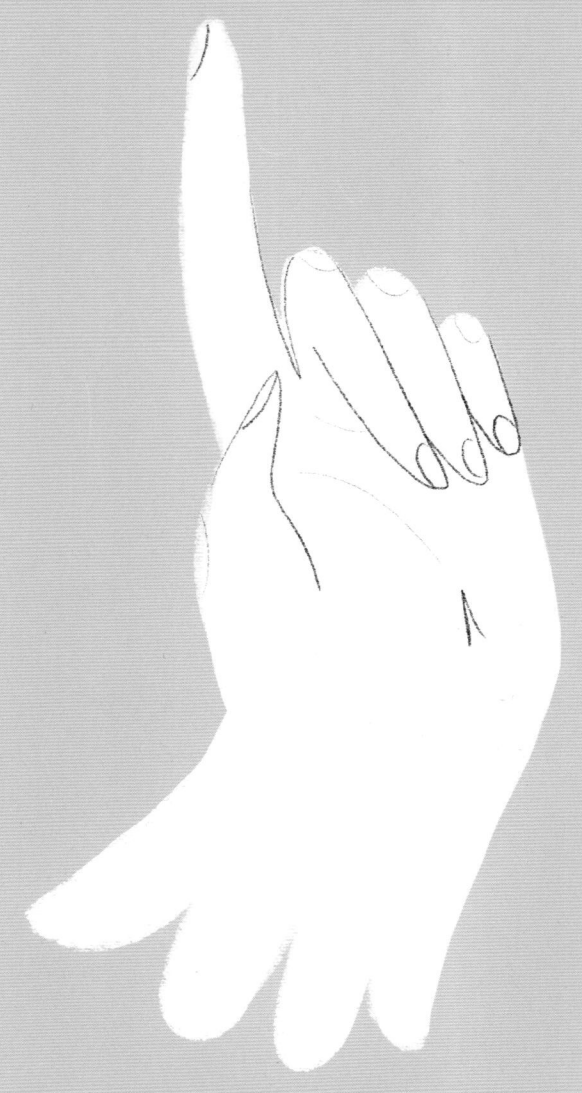

나는
정말로
혼자인가?

두 번째 질문,

사귀는
사람이
없으면
꼭
외로워야
하는가?

옥시토신 호르몬은
(앞에서도 한 번 나왔는데,
기억하지?)

두 사람이 사랑할 때뿐만 아니라

친구들끼리

우정을

나눌 때도
분비돼.

↑
이것도
사랑!

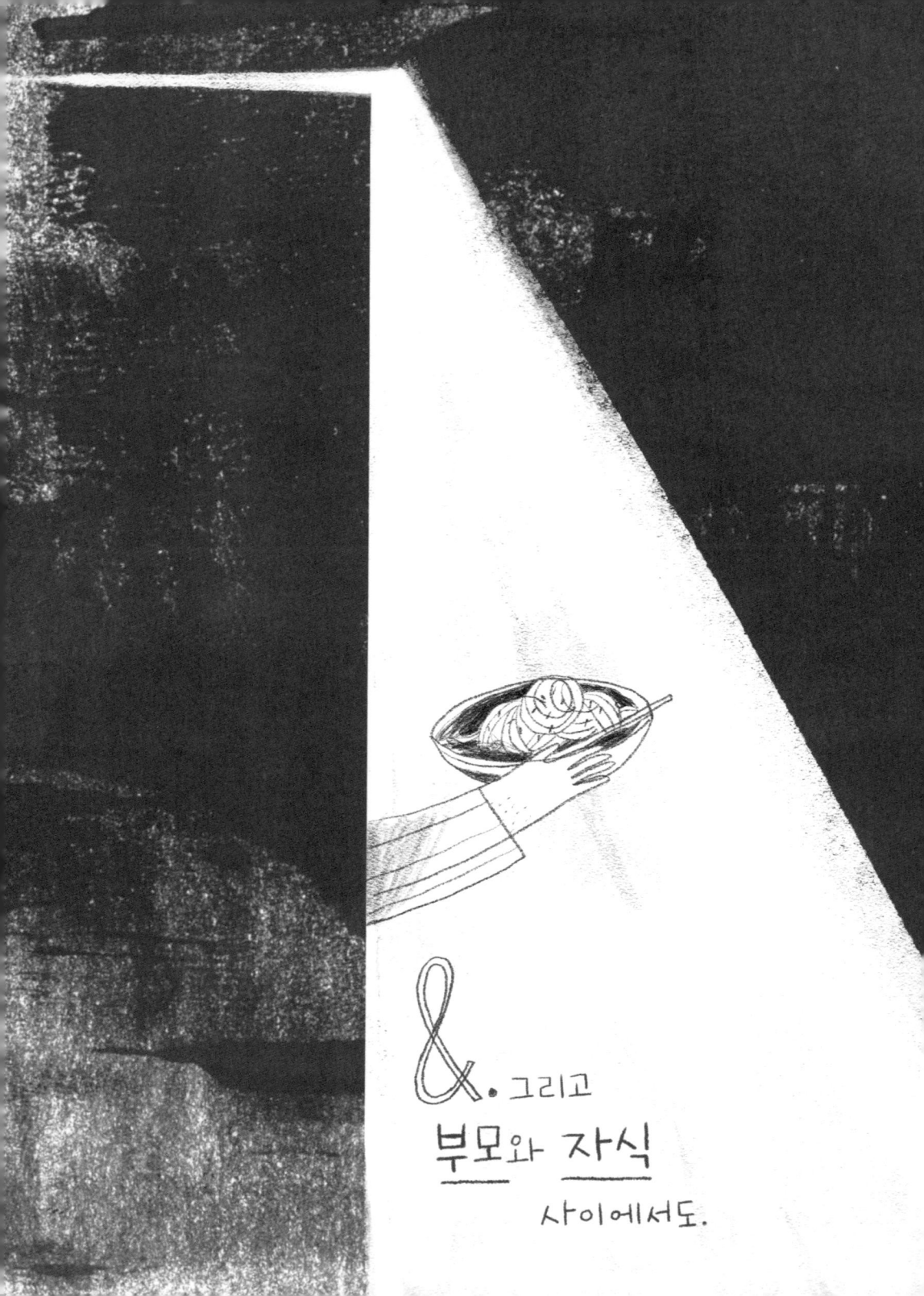

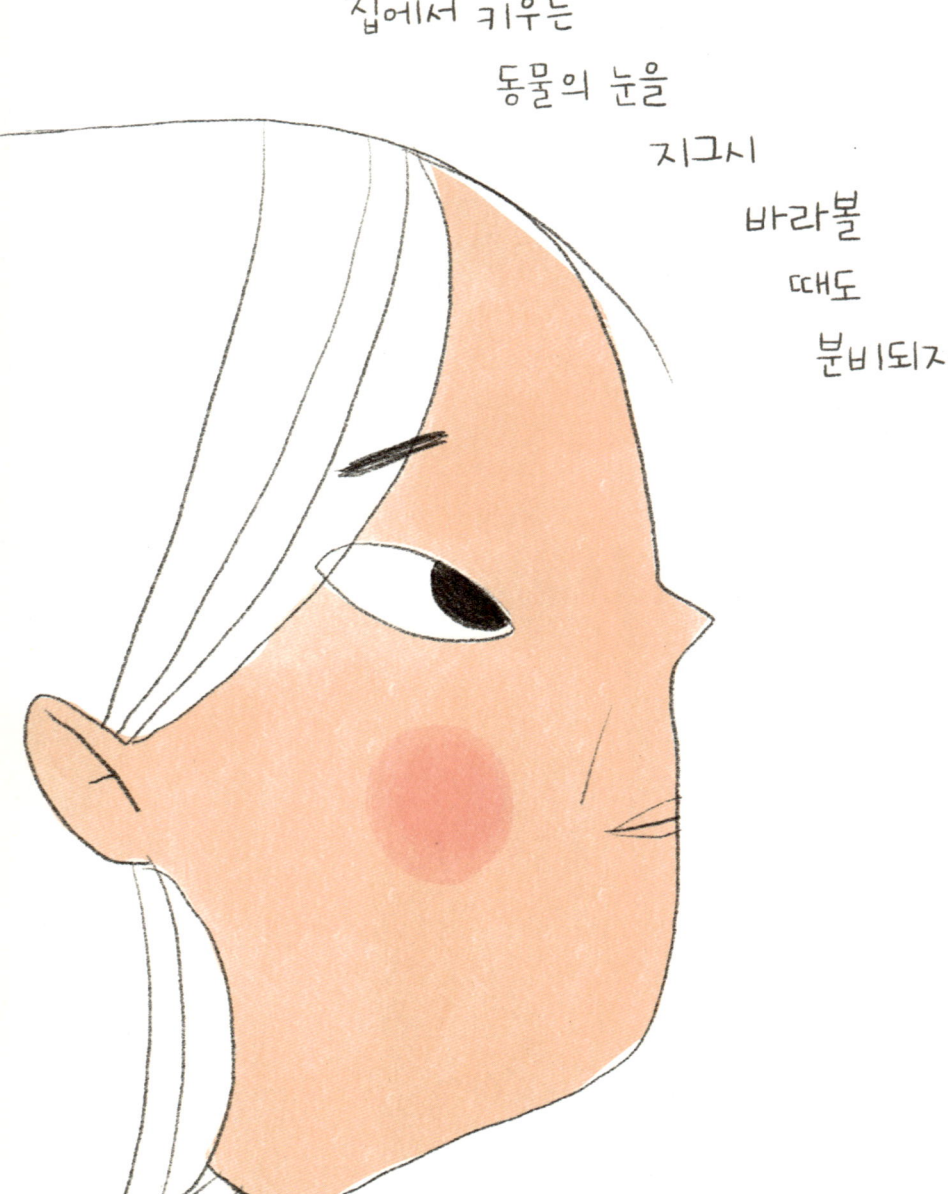

심지어
집에서 키우는
동물의 눈을
지그시
바라볼
때도
분비되지.

이제 와 생각해 보면 이런 난리도
겪어 볼 가치가 있는 것 같아.
실연의 아픔이
(이제야 말이지만) 꼭 그렇게
끔찍한 것도 아닌 것 같고.

~~예전에 존재했던 뭔가가~~

~~내 삶에서 사라져 버렸어.~~

예전에 존재했던 뭔가가 좀 달라졌을 뿐이야.
네 삶에서도, 내 삶에서도.

우리는 실연의 아픔을 겪으면서 <u>많은 것을 배울 수 있어.</u>
새롭고 긍정적인 것들을 경험할 때만큼,
　　　　아니 어쩌면 그보다 더 많이 배우고
　　　　　　더 크게 성장할 수도 있지!

그래, 맞아.

'실연의 아픔'이란 말을 떠올리면

아직은 아픔이 더 크게 다가올 거야.

하지만 잘 생각해 봐.

실연은 사랑하는 사람과

헤어졌다는 뜻이잖아.

즉

→ 실연의 아픔은 오직

누군가를 사랑한

사람만이 겪을 수 있는 거야!

그리고 사랑은

(이 책 맨 처음에 누군가가 말했듯이)

세상에서 가장 근사한 감정이고,

언제, 어디서든,

결과가 어떻든

해 볼 만한 가치가 있어!

안녕?
사랑과 실연의 아픔에 대한 이 이야기를
누가 썼는지 궁금하겠지?

바로 나야, 루시아. ✈→

난 의사도, 심리학자도 아니야. 솔직히 이 책은
나도 실연을 겪었기 때문에 (심지어 여러 번) 탄생했어.
내 주위에 실연당한 사람이 많았기 때문이기도 하고
(그들 역시 여러 번). 이 책 곳곳에는 내가 겪은 지극히
개인적인 경험들이 고스란히 담겨 있어.
북받치는 감정을 솔직하게 그대로 드러냈던 순간들 말이야.
나는 상처 입었다는 사실을 스스로 인정하는 것이야말로
사랑의 아픔을 이겨 내는 첫 단계라고 생각해.
사랑의 아픔을 겪는 사람이 나 혼자가 아니라는 사실을 아는 것도
(눈곱만큼일지언정) 도움이 될 거야.
이 책은 안내서도 아니고 마법 같은 처방전도 아니야.
하지만 네가 살아가면서 너무나 중요한, 하지만 정말 힘든 그 시기에
맞닥뜨렸을 때, 이 책이 네 곁에서 위로해 주는 친구가 되길 바라.
이렇게 말이야.
"지금 당장은 모든 게 너무 끔찍하고 괴롭지? 그런 감정을 속으로 삭이지
않아도 돼. 아니 절대 삭이면 안 돼. 있는 그대로 느끼고, 생각하고,
터뜨려 버려. 그러고 나면 믿거나 말거나 다시 괜찮아질 거야.
아니, 괜찮은 정도가 아니고 아주 좋아질 거야. 그리고 그렇게 될 때까지
넌 혼자가 아니야. 왜? 내가 너와 함께 여기 이렇게 있어 줄 테니까."

웅진주니어

마음속에 코끼리가 산다

초판 1쇄 발행 2023년 9월 6일
글·그림 루시아 자몰로 | 옮김 김영진
펴낸이 이재진 | 편집장 안경숙 | 편집 김지은, 김정은 | 손글씨 및 디자인 진보라
마케팅 정지운, 박현아, 원숙영, 신희용, 김지원 | 국제업무 장민경
펴낸곳 (주)웅진씽크빅 | 주소 경기도 파주시 회동길 20 (우)10881
문의전화 031)956-7456 (편집), 02)3670-1191, 031)956-7069, 7369(마케팅)
홈페이지 www.wjjunior.co.kr | 블로그 wj_junior.blog.me | 페이스북 facebook.com/wjbook
트위터 @new_wjjr | 인스타그램 @woongjin_junior
출판신고 1980년 3월 29일 제406-2007-00046호
원제 Elefant auf der Brust | 한국어판 출판권©웅진씽크빅, 2023 | 제조국 대한민국

Original edition © 2020 Bohem Press GmbH Münster, Germany
Original title: "Elefant auf der Brust" (ISBN 978-3-95939-097-2). All rights reserved.
No part of this book may be used or reproduced in any manner
whatever without written permission, except in the case of brief quotations empodied
in critical articles or reviews.
Korean translation copyright © 2023 by Woongjin ThinkBig Co., Ltd.
Korean edition is published by arrangement with Bohem Press GmbH Münster, Germany
through BC Agency, Seoul.

웅진주니어는 (주)웅진씽크빅의 유아·아동·청소년 도서 브랜드입니다.
이 책의 한국어판 저작권은 BC 에이전시를 통한 저작권자와의 독점 계약으로 (주)웅진씽크빅에 있습니다.
저작권법에 따라 한국 내에서 보호를 받는 저작물이므로 무단전재와 무단복제를 금지하며, 이 책 내용의 전부 또는 일부를 이용하려면
반드시 저작권자와 (주)웅진씽크빅의 서면 동의를 받아야 합니다.

ISBN 978-89-01-27427-0 74800 · 978-89-01-26997-9(세트)

*잘못 만들어진 책은 바꾸어 드립니다.
주의 1. 책 모서리가 날카로워 다칠 수 있으니 사람을 향해 던지거나 떨어뜨리지 마십시오.
    2. 보관 시 직사광선이나 습기 찬 곳은 피해 주십시오.

참, 세상에서 <u>가장 맛있는</u>
후무스는 이렇게 만들어.

이 재료들을 모두 집어넣고
핸드 믹서로 갈아 주면 끝!